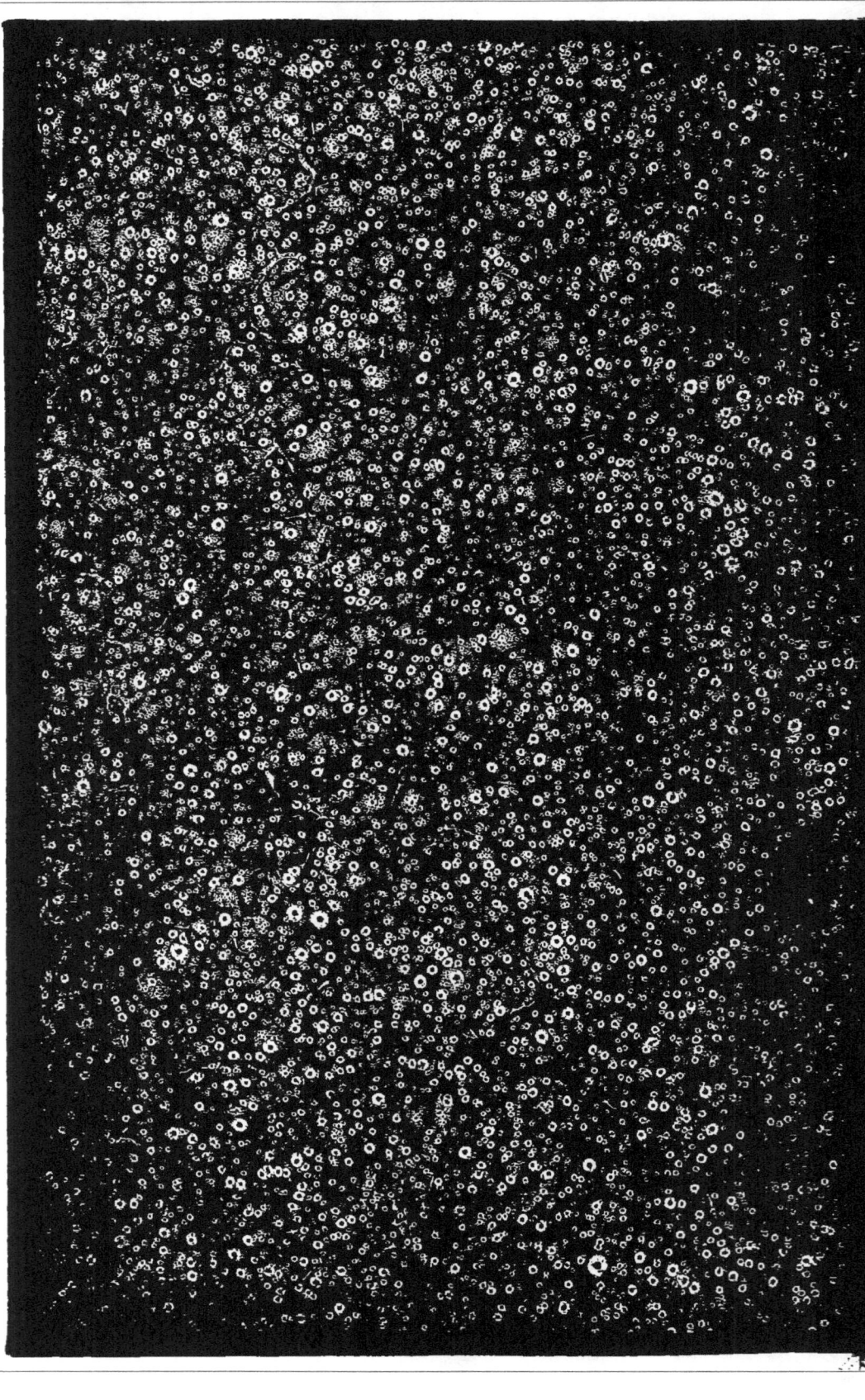

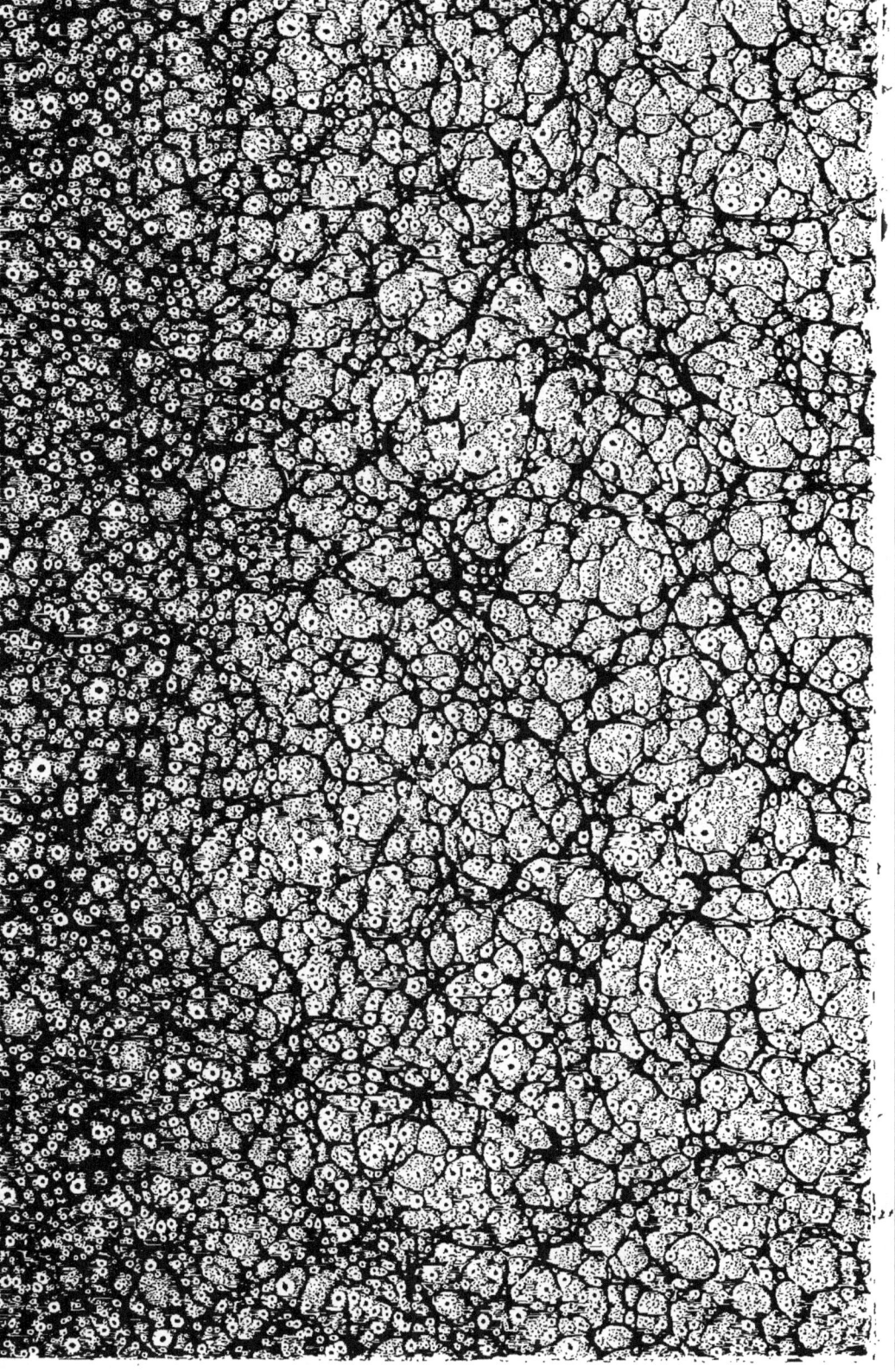

EXTRAIT
DU RAPPORT
DU JUGE RAPPORTEUR,

Dans la Procédure dirigée contre treize individus prévenus d'espionnage, ou de complicité d'espionnage, traduits pardevant la Commission militaire, créée par décret impérial du 19 septembre 1813.

SA MAJESTÉ IMPÉRIALE ET ROYALE, par décret du 19 septembre dernier, a traduit pardevant la Commission militaire, pour y être jugés conformément au décret du 17 messidor an 12, treize individus prévenus d'espionnage ou de complicité d'espionnage; savoir: Antoine CHARABOT, ancien lieutenant de vaisseau, démissionnaire; Martial GUIDAL, officier d'infanterie légère; Honoré-Henri JAUME, avocat; Jean-Baptiste GIRAUD, contumax; Jacques-Alexandre BERGIER, fripier; Jean-François VERNET, pharmacien; Jean-Joseph-Claude-Michel PABAN, négociant; Jean TURCON, patron pêcheur; Jean-François BERNARD, capitaine au long cours; PICON, patron pêcheur, contumax; Jacques RAYMOND, capitaine au petit cabotage; Joseph CAMOIN, dit DUFOUR, horloger; et Jean AUFFAN, officier auxiliaire de la marine.

Comme les crimes dont ces individus sont accusés se rattachent essentiellement à un plan de conspiration organisé dans le midi de l'empire contre la sûreté intérieure et extérieure de l'état, plan à l'exécution duquel l'armée anglaise, dans la Méditerranée, devait concourir de tous ses moyens, il ne sera pas inutile d'en tracer ici un aperçu, pour que l'on puisse saisir d'un coup-d'œil rapide l'ensemble des faits, et discerner les nuances et les particularités relatives à chacun des accusés.

Depuis long-tems des hommes regrettant des pouvoirs dont l'anarchie les avait investi, et dont le retour au bon ordre a dû nécessairement les dépouiller ; des intrigans, des hommes perdus de dettes, des scélérats avides de sang, conspiraient contre l'état et la sûreté publique ; ils méditaient, dans des conciliabules secrets, les moyens de replonger la patrie dans les horreurs de la guerre civile ; et leur cupidité ne trouvant pas assez d'aliment dans le pillage des caisses publiques, ils tendaient une main aux anglais, pour recevoir de l'autre le prix de leur vénalité et de leur perfidie ; ils s'abouchaient avec les hommes de confiance, avec les valets d'une maison trop généreusement traitée ; ils se fortifiaient en recrutant dans tous les partis, et même parmi les hommes qui, tenant à une dynastie qui prépara elle-même sa chûte, n'ont jamais pu concevoir combien il était plus glorieux de vivre sous les lois d'un empire fondé par le plus grand des monarques. C'est à Marseille qu'était le foyer de cette infernale intrigue, dont les ramifications s'étendaient dans une partie des départemens méridionaux ; et des preuves incontestables désignent plusieurs des accusés comme les chefs et les principaux agens.

Il est prouvé qu'il y a eu des réunions chez le sieur *Jaume*, avocat ; à la maison de campagne de l'ex-directeur *Barras*, et chez plusieurs autres conjurés ; qu'on s'y est occupé d'abord des moyens de traiter avec l'amiral commandant la flotte anglaise dans la Méditerranée ; et pour faciliter les communications avec lui, des bâtimens ont été nolisés et chargés avec destination simulée ; des émissaires lui ont été envoyés, une correspondance active s'est trouvée établie entre le comité de Marseille et l'amiral anglais, qui a encouragé les efforts de tous ces traîtres par des sommes considérables qu'il leur a comptées.

C'est par suite de ces traités avec l'ennemi qu'on a vu le sieur *Jaume*, avocat, étendre sa correspondance à *Toulon*, à *Nismes* et ailleurs, appeler auprès de lui les hommes qui avaient le plus marqué dans les tems désastreux de l'anarchie; c'est par suite de ces traités qu'on a vu *Jaume*, *Bergier*, *Vernet* et autres coryphées du parti, se porter au canton du Beausset, y rassembler une multitude d'hommes couverts de crimes et d'opprobres, les exciter à s'armer et à lever l'étendard de la révolte. Et quels moyens leur avaient-ils proposé? L'envahissement de Toulon, la surprise du fort Lamalgue, le pillage des caisses publiques, l'arrestation des magistrats, la révolte des troupes de la garnison, qu'ils se proposaient de corrompre, la liberté et l'armement des forçats qu'ils jugeaient dignes de figurer dans leurs rangs.

Il entrait dans leur plan de s'emparer des signaux, et quelques-uns des conjurés se repaissaient déjà de l'espoir d'aller vivre en Angleterre avec les capitaux dont leurs services devaient être payés, s'il devenait impossible de conserver Toulon; enfin, les *Jaume*, les *Bergier*, les *Ricord*, s'étaient occupés de proclamations; ils promettaient aux habitans des campagnes l'abolition de la conscription, des droits réunis; ils garantissaient la paix générale; et cette garantie n'est-elle pas la preuve authentique des traités honteux qu'ils avaient fait avec l'amiral anglais.

Il est prouvé, que par suite des conventions arrêtées entre les chefs des conspirateurs de Marseille et ceux de Toulon, la maison de campagne du sieur *Revest*, près du Brulat, canton du Beausset, fut choisie pour le point de réunion; c'est là où les moyens de s'emparer de Toulon, de ses arsenaux et de ses ports, furent proposés, discutés et arrêtés ; c'est là qu'était le quartier-général des *Jaume* et des *Bergier*. En vain diraient-ils qu'ils ne se sont rendus à la maison de campagne du sieur *Revest*, que pour y trouver un refuge contre les poursuites de la police. Si ce n'était qu'un asile et un abri qu'ils y auraient été chercher, ils s'y seraient tenus cachés ; mais ils y ont levé le masque en se déclarant en guerre ouverte avec le Gouvernement, en appelant auprès d'eux un grand nombre de leurs partisans qui s'y sont portés en armes ; plusieurs d'entr'eux ont été arrêtés en sortant de ce repaire, et on les a trouvés munis de pistolets et de poignards.

Le rassemblement ayant été dissipé par les soins de la police, la plupart des chefs ayant été arrêtés, on a vu ceux qui étaient parvenus à s'échapper se réunir à Marseille et dans les environs, y former des rassemblemens armés, composés d'hommes vers lesquels ils avaient envoyé des émissaires ; mais la police épiait leurs démarches ; il a suffi de quelques militaires pour dissiper cette horde de brigands. La police, tant à Toulon qu'à Marseille, avait fait arrêter une partie des révoltés. Les chefs n'avaient d'autre ressource que la fuite ; ils ont été recherchés avec tant de soin, qu'enfin la plupart ont été arrêtés dans leur refuge.

Tel est l'aperçu de la conspiration qui devait éclater dans le midi de l'empire, et dont le but était de renverser le Gouvernement actuel, d'appeler à cet effet sur nos côtes nos plus cruels ennemis, et de faciliter leur débarquement sur plusieurs points du département des Bouches-du-Rhône.

Il s'agit à présent de vous exposer, avec le plus de clarté et le moins de prolixité qu'il me sera possible, les faits relatifs à chacun des accusés en particulier, commençons par *Antoine Charabot*, puisque, par les éclaircissemens qui ont résulté des déclarations de cet accusé et des révélations de son fils, je suis parvenu à dénouer tous les fils de cette conspiration, et à découvrir les crimes de leurs complices.

Antoine Charabot, ancien lieutenant de vaisseau de la marine, a servi pendant long-tems en cette qualité. Aigri par quelques prétendues injustices, il donna sa démission dans le mois de frimaire de l'an onze; et le tems qui s'est écoulé depuis cette époque jusques à celle où il a été initié dans les projets de l'ex-général Guidal, et enrôlé comme espion parmi ses partisans, il l'a passé ou à la mer, à bord des corsaires dont il avait le commandement, ou à Marseille, au sein de sa famille; lorsqu'après avoir épuisé toutes ses ressources, pressé par le besoin de pourvoir à la subsistance de tout ce qui l'entourait, il eut recours, au commencement de l'année 1809, au nommé *Bergier*, entremetteur et faiseur d'affaires, pour négocier un décompte d'appointemens arriérés. L'entremetteur, à qui l'état de détresse et l'esprit de mécontentement de *Charabot* ne dut pas échapper, le peignit aux yeux de l'ex-général *Guidal* comme un homme capable de figurer avec distinction dans les rangs de ses prosélytes. *Bergier* eut ordre de le sonder et de l'inviter à dîner pour le dimanche, d'après à la maison de campagne de l'ex-directeur *Barras*. *Charabot* s'y rendit, et fut présenté à cet ex-directeur, qui lui promit de réparer les injustices des hommes et celles de la fortune. Après le déjeûner, *Guidal*, *Jaume*, et *Bergier*, qui étaient du nombre des convives, se réunirent avec *Charabot* en comité. La conversation s'engagea sur les affaires politiques : *Jaume* parla des malheurs du tems et des vexations tyranniques du Gouvernement monarchique.

L'ex-général *Guidal* et *Bergier* tinrent le même langage. Ingrats ! Les arts, les sciences et les lettres fleurissaient en France sous l'égide d'un Gouvernement protecteur des idées libérales ; à cette époque l'étendard impérial flottait sur les murs de Vienne, et les marais glacés d'Austerlitz avaient engloutis les bataillons russes et les hordes tartares.

Il fut ensuite question, dans ce conciliabule, des moyens de se procurer un meilleur sort ; et l'on fut d'avis que le parti le plus convenable et le plus prompt pour y parvenir, serait d'établir des communications avec les ennemis les plus cruels et les plus acharnés de la France; avec les Anglais. Il fut arrêté que l'on ferait venir de Cannes *Jean-François Bernard*, capitaine au long cours, sur la fidélité duquel on pouvait compter, parce qu'elle était éprouvée, et qu'il connaissait déjà la route qui conduisait à l'escadre anglaise. Ce marin devait prendre le commandement d'une bombarde appartenant à la maison *Paban*. Ce projet n'eut pas son exécution, parce que le bâtiment qu'on destinait à *Jean-François Bernard*, fut pris en revenant de Corse à Marseille. Ce patron affidé eut ordre de revenir à Cannes et d'y acheter un bâtiment propre à ces sortes d'expéditions.

Pendant cet intervalle, *Guidal* invita *Charabo* à déjeûner au Château-verd ; le mot était donné, et *Paul Julia*, dit *Hyppolite*, qu'on a vu figurer dans le cours de la procédure comme agent de Charles IV et du prince de la Paix, ne tarda pas à s'y rendre. A ce déjeûner, il fut convenu que *Charabot* se rendrait par terre à Cannes, avec le fils de *Guidal*, pour y frêter un bâtiment, avec lequel *Charabot* devait se rendre à bord de l'amiral anglais pour y porter une lettre de l'ex-général *Guidal*, et lui présenter son fils âgé de seize ans en ôtage, comme une garantie des engagemens abominables qu'il desirait contracter avec lui. On a bien vu des pères sacrifier leurs fils à l'amour de la patrie; l'histoire nous offre plusieurs exemples d'un pareil dévoûment : mais aucun n'avait encore conçu l'atroce projet de livrer une telle victime aux ennemis de son pays, pour servir de garant à sa trahison et à sa perfidie.

Ce fut vers le commencement de juillet 1809 que *Charabot* partit de Marseille pour mettre ce projet à exécution. *Paul Julia* avait pourvu aux frais du voyage. Arrivé à Cannes, le bateau l'Amitié fut frété à cet effet. *Jean-François Bernard*, le patron *Jacques Raymond* et un mousse en composèrent l'équipage. *Raymond* prit à son bord *Guidal* fils et *Charabot*; ils partirent de Cannes avec l'intention bien prononcée de communiquer avec l'escadre anglaise; *Charabot* avait à cœur de porter à l'amiral ennemi les dépêches de l'ex-général *Guidal*, et de lui présenter le jeune ôtage confié à ses mains criminelles : mais malgré les efforts du patron *Raymond* pour y parvenir, il fut obligé de céder à l'impulsion et à l'impétuosité d'un vent très-violent qui l'éloignait continuellement de son but, et le força, malgré lui, d'entrer dans le port de Marseille. Ici finit le premier voyage de *Charabot* et du jeune *Guidal*, ainsi que le détail des premières tentatives pour établir les communications et la correspondance des conspirateurs du comité de Marseille avec l'escadre ennemie. Passons au second voyage, qui fut plus heureux pour les émissaires de ce comité :

Ce fut au mois de novembre de la même année que le patron *Raymond* prit le commandement d'un bâtiment appelé la *Marie-Rose*, que lui confia M. Isnard, de Marseille, qui ne s'attendait pas à l'usage qu'on devait en faire. Dès que l'ex-général *Guidal* et *Paban* surent que *Raymond* avait ce bâtiment à sa disposition, il fut décidé qu'on ferait un chargement de vin avec une destination simulée pour Calvi en Corse; que la Marie-Rose serait montée par le même équipage que le bateau l'Amitié; que *Charabot* s'embarquerait comme subrécargue, et qu'on prendrait à bord *Guidal* père et *Guidal* fils incognito. Ce bâtiment ainsi frété mit à la voile de Marseille du 18 au 19 novembre 1809. Après quelques jours de navigation, l'ex-général *Guidal* n'ayant pu supporter les fatigues

A 4

de la mer, se fit débarquer à la presqu'isle de Gien, et remit à son fidèle émissaire ses dépêches pour l'amiral anglais. Après avoir quitté le mouillage de Gien, *Charabot* ne tarda pas à aborder la frégate anglaise *la Néraus*, d'où il fut conduit, avec le jeune ôtage, à bord de *l'Hydre*, frégate commandante. Ayant fait part au commodore qu'il était porteur d'une lettre pour M. l'amiral, cette dernière frégate fit voile pour Mahon, où se trouvait alors le commandant de l'escadre anglaise. *Charabot* et *Guidal* fils lui furent présentés par le capitaine de l'Hydre; et l'émissaire de l'ex-général *Guidal*, après avoir conféré long-tems avec l'amiral Collingwood, lui présenta l'ôtage qui devait répondre de la fidélité et de la bonne foi de son commettant. Cette démarche excita toute l'indignation de l'amiral anglais qui, sans la manifester extérieurement, repoussa une proposition qui n'avait pu entrer que dans la tête et dans le cœur d'un père dénaturé; il refusa de garder en ôtage un adolescent, victime de la corruption et de la perfidie d'un trop coupable père; il voulait s'en servir; mais ce père barbare ne lui inspirait, dans le fond de l'ame, que le plus profond mépris. Après avoir remis à *Charabot* sa réponse aux dépêches de l'ex-général *Guidal*, l'amiral anglais le fit passer, avec son jeune compagnon de voyage, sur la frégate *la Volontaire*, qui eut ordre de les débarquer, avec les plus grandes précautions, et de les rendre à cette patrie qu'ils venaient de trahir d'une manière si indigne, foulant aux pieds les lois sanitaires et tous les dangers d'une communication qui pouvait devenir si funeste à une immense population, si cruellement maltraitée en 1620 par les ravages de la peste. *Charabot* rentre avec sécurité, et sans la moindre précaution au sein de sa famille, et au milieu de ses concitoyens; et *Guidal* fils va retrouver son coupable père, sans redouter, ni l'un ni l'autre, d'apporter parmi nous cette maladie contagieuse et destructive dont ils pouvaient si facilement avoir pris le germe dans une armée qui communique continuellement avec les barbaresques et les peuples des échelles du Levant, qui en sont presque toujours infectés.

Dès que l'ex-général *Guidal* eut appris l'arrivée de *Charabot*, il s'empressa de se rendre chez cet émissaire avec *Bergier* et *Giraud*; ils étaient curieux d'avoir des détails sur cet important voyage. Après avoir satisfait leur curiosité, *Charabot* remit à *Guidal* la réponse de milord Collingwood, et la communication de cette dépêche valut à l'ex-général 500 louis dont 200 étaient destinés pour une nouvelle expédition.

Charabot revint à Cannes y fréter un autre bâtiment appelé le *Saint Jean-Baptiste* : c'était toujours le même équipage ; le fidèle *Lernard* et le zélé *Raymond* accompagnaient dans tous ces voyages l'espion des anglais et l'émissaire de *Guidal*. Cette fois-ci ils s'étaient accolé un nouveau prosélite, le nommé *Alliez*, de Cannes, d'où ils partirent tous les quatre pour aller joindre l'ex-général *Guidal* qui les attendait à Saint-Raphaël. Ils prirent ce dernier à leur bord, et quittèrent ce mouillage pour aller porter l'illustre ambassadeur à bord de l'amiral anglais ; mais le temps fut si mauvais que ce voyage fut infructueux, et que le *Saint Jean-Baptiste* fut obligé de rentrer à Marseille sans avoir pu effectuer sa communication.

Second voyage de Charabot *à l'escadre anglaise.*

Dans le mois d'octobre 1810, le nommé *Paban* proposa à *Charabot* de conduire à bord de l'escadre anglaise trois officiers espagnols, prisonniers de guerre sur parole, lui faisant entrevoir que d'une pierre il ferait deux coups; qu'en même-tems qu'il faciliterait l'évasion de ces trois prisonniers, qui seraient reconnaissans envers lui pour un service aussi signalé, il profiterait de cette occasion pour porter à l'amiral anglais des dépêches de l'ex-général *Guidal*; lui ajoutant que celui-ci se proposait de demander le retour en France de son fils, prisonnier de guerre en Angleterre. *Charabot* consentit à cette proposition, et reçut de *Paban* une somme de 500 francs pour l'achat d'un bateau propre à ce voyage, à compte de celle de 1500 francs, en quoi consistait alors toutes les ressources pécuniaires des trois officiers espagnols. *Charabot* fit acheter, par un calfat appelé Trophime Audibert, le bateau du sieur Assence, marchand de comestibles à Marseille; et après l'avoir fait gréer et mis en état de naviguer, il le fit conduire à la Fontaine-du-Roi, où il s'embarqua à 6 heures du soir avec les trois prisonniers de guerre et leur domestique, en présence de *Guidal* et de *Paban*, qui les y avaient accompagnés pour remettre à leur pilote des lettres pour l'amiral anglais. Vers les 7 heures du soir, *Charabot* mit à la voile; et après 24 heures de navigation il aborda la corvette anglaise *le Blausum*, d'où il fut transporté, avec ses compagnons de voyage, à bord du vaisseau de l'amiral anglais sir Charles Cotton: *Charabot* lui remit les deux lettres dont *Guidal* l'avait chargé, et dont l'une avait pour but de demander le retour de son fils en France.

Après avoir dîné et conféré avec l'amiral, *Charabot* partit le même soir de Mahon avec la corvette *le Blausum*, qui vint le débarquer sur l'île de Mayre, d'où, avec son canot, il fit voile pour Arenc, où il débarqua; de là il se rendit au Château-verd, où il fit prévenir *Guidal* et *Paban* de son arrivée. Ceux-ci s'y rendirent de suite; et à leur arrivée, *Charabot* leur remit les dépêches de l'amiral anglais; dépêches qui ne dûrent pas satisfaire *Paban*, qui manifesta son mécontentement de ce qu'il n'y était pas question de Charles IV. Ce fut ce jour là que l'ex-général *Guidal* promit de se rendre auprès de l'amiral anglais pour terminer des négociations que *Paban* disait traîner en longueur; c'est ce qui fait le sujet du troisième voyage de *Charabot*.

Habitant d'une campagne à l'embouchure de l'Huveaune, *Charabot* était le voisin d'un patron pêcheur appelé *Turcon*; il allait souvent chez ce dernier pour acheter du poisson : un jour, entr'autres, ce patron lui témoigna du mécontentement, parce que son fils était atteint par la conscription maritime, *Turcon* ne devait pas ignorer entièrement les manœuvres de *Charabot*; car dans le courant de l'entretien, il lui fit observer qu'une frégate anglaise faisait des signaux, et qu'elle desirait sans doute correspondre avec la terre, ajoutant que s'il pouvait se rendre utile, il le ferait volontiers. Il ne manqua pas de citer *Jaume* et *Giraud*, dont il se dit l'ami. Il finit par faire mille protestations de service. D'après cette conversation, *Charabot* jugea que *Turcon* était bien l'homme qu'il lui fallait; et cherchant à faire naître l'espérance dans son ame, il lui promit que peut-être son fils ne marcherait pas. *Charabot* se rendit en ville pour faire part à *Guidal* et à *Paban* de la découverte de ce nouveau prosélyte, qui lui paraissait de si bonne foi et avait de si heureuses dispositions. Sur le compte favorable qu'il lui en rendit, *Guidal* chargea *Charabot* de le lui amener le lendemain. *Turcon* lui fut présenté en présence du sieur *Paban*, et le premier soin fut de s'occuper de l'objet qui tenait le plus à cœur au patron. On l'engagea à se procurer un numéro de tirage plus élevé que celui de son fils, et peu de jours après, M. *Paban* remit à *Turcon* 25 louis pour cet objet. Dès-lors ce patron n'eut plus rien à refuser à ces messieurs. Dans le courant du mois d'avril 1811, *Guidal* se rendit à la campagne de *Charabot* et s'embarqua avec ce dernier dans le bateau de *Turcon*, avec ses deux matelots, *Joseph Milano* et *Antoine Julien*. Ils passèrent une partie de la nuit à la mer; mais le tems fut si mauvais, les vents si contraires, que cette première tentative fut infructueuse, et qu'ils furent forcés de revenir. Une seconde eut lieu quinze jours environ après; elle ne fut pas plus heureuse que la première.

Quelque tems après (ce fut à l'époque où *Turcon* fut mandé chez le commissaire général de police), *Charabot* fut prévenir l'ex-général *Guidal* que le tems était beau, et que l'on pourrait partir la nuit suivante. *Guidal* se rendit au rendez-vous vers les quatre heures de l'après-midi; ils partirent à l'entrée de la nuit dans le bateau de *Turcon*, avec le fils de ce patron et un de ses matelots: ils naviguèrent toute la nuit, et à sept heures du matin ils abordèrent, près de la Ciotat, la frégate anglaise *l'United*, à quatre lieues environ de la côte. Le capitaine de l'United transporta *Guidal* et *Charabot* seulement à bord du vaisseau amiral le *Saint-Joseph*. Sir Charles Cotton fit le meilleur accueil à l'ex-général, à qui il fit rendre les honneurs de son grade. Celui-ci remercia d'abord M. l'amiral de la bonté qu'il avait eue de faire venir le fils de *Charabot* en France. Après quelque tems de conférence, pendant lequel sir Charles Cotton prenait des notes sur les renseignemens que lui donnait l'ex-général; cet amiral remit une lettre à celui-ci, et *Guidal* et *Charabot* quittèrent le vaisseau le Saint-Joseph pour se rendre à bord de la frégate l'United, qui les débarqua sur l'isle de Mayre, d'où ils se rendirent dans le bateau de *Turcon*, au même point d'où ils étaient partis. *Paul Julia* a assuré à *Charabot* que ce voyage avait valu à *Guidal* 30,000 francs, qui lui furent comptés par le prince de la Paix, dès qu'il eut pris connaissance des dépêches de sir Charles Cotton.

Cependant la police avait l'éveil; elle n'ignorait pas les fréquentes disparutions de Charabot; elle le faisait rechercher. Instruit par ses affidés des dangers qu'il courait, poussé par ceux-ci, qui ne manquaient pas de les lui exagérer, afin d'écarter un homme dont le témoignage pouvait leur devenir si funeste, Charabot se décida à quitter sa retraite dans le courant de mai 1812, pour se réfugier chez les anglais. Il s'embarqua avec son fils sur un bateau que ce dernier acheta avec des fonds que Jaume lui donna pour l'éloignement de son père. Ils mirent à la voile le 20 dudit, à l'embouchure de l'Huveaune, et abordèrent le lendemain la corvette anglaise le *Blausum*, d'où ils passèrent à bord de la frégate anglaise l'*Imdunted*; et de cette frégate ils furent conduits à bord de l'amiral Pelew, qui croisait devant Toulon avec le *Calédonia*.

Charabot fils, après avoir mis son père en lieu de sûreté, revint à Marseille sur le même bateau avec lequel il en était parti. Le père a resté chez les anglais jusques à l'époque où il est venu lui-même se constituer prisonnier dans le courant du mois d'avril de cette année.

Je ne dois pas passer sous silence qu'il avait été établi à l'isle de Mayre, dans le creux d'un rocher reconnu par un officier anglais, un point de correspondance où étaient déposées les dépêches de l'ennemi et celles de l'ex-général Guidal, pendant la saison où les vents contraires et le mauvais tems mettaient obstacle à leur communication. Charabot se servait de ce moyen toutes les fois qu'il ne pouvait affronter avec un petit bateau les dangers d'une navigation où il y avait trop de risques à courir.

Telle a été la conduite de Charabot, depuis le moment où il fut entraîné dans les complots du général Guidal dont il a été l'émissaire auprès des amiraux anglais; et je dois cette justice à la véracité de ce prévenu, qu'en s'accusant lui-même, ses déclarations sont marquées au coin de la vérité, du moins sur les faits les plus essentiels que j'ai été à même de vérifier dans l'instruction de cette procédure. L'on a entendu le jeune Guidal. Quels rapprochemens dans ses aveux, et les déclarations de Charabot!

Jean-François Bernard, embarqué sur la Marie-Rose, ne confirme-t-il pas toutes les circonstances de ce voyage? Les témoignages des sieurs Chabert, Rocq et Assence, ne confirment-ils pas celles qui ont accompagné l'évasion des trois officiers espagnols prisonniers de guerre? Tout prouve que Charabot a dit la vérité. Laissons, pour un moment, ce prévenu, pour nous occuper d'un des principaux agens de l'ex-général Guidal. Je veux parler du sieur Paban, négociant de Marseille.

Jean-Joseph-Claude-Michel PABAN, né à Marseille, département des Bouches-du-Rhône, âgé de 37 ans, était le confident particulier de l'ex-général Guidal. Initié dans tous ses projets, il était aussi l'agent du prince de la Paix, par l'intermédiaire de Paul Julia dit Hypolite. Guidal père et fils logeaient chez Paban; ils étaient ses commensaux; ils n'avaient qu'une même pensée et tendaient au même but. Après avoir arrêté les moyens de communication avec l'armée anglaise, il fallut les mettre à exécution: le capitaine Jean-François Bernard, le patron Raymond et Charabot furent les instrumens dont ils se servirent. Le sieur Isnard avait confié un bâtiment audit Raymond: on en profita pour un voyage à l'escadre anglaise, lui donnant une destination simulée pour Calvi en Corse. On a vu les détails de ce voyage dans le rapport relatif à Charabot. Guidal père et Guidal fils s'embarquèrent incognito sur la Marie-Rose, et à coup sûr l'absence de l'un et de l'autre fut assez longue pour que Paban ne pût l'ignorer. Pour masquer la vraie destination de la Marie-Rose, Paban eut soin de passer une vente simulée à Jean-François-Bernard. Il se réserva pourtant le contrat d'assurance.

Paban n'ignorait certainement pas la vraie, la criminelle destination de la Marie-Rose, puisqu'il y avait vu embarquer ses affidés Charabot et Guidal, puisqu'il traduisit lui-même à Guidal, au retour de

Charabot, la réponse de l'amiral anglais ; et cependant Paban eut l'impudeur de se faire rembourser par les assureurs le montant des assurances ; et pour que ses complices participassent à ce gain infâme, il gratifia Raymond et Bernard d'une somme de 300 francs, et donna 36 francs à Charabot.

Cependant on murmurait dans le public que la Marie-Rose n'avait pas été prise, mais bien livrée aux anglais. Ces bruits, qui commençaient à circuler à la bourse, inquiétèrent Paban, qui, pour les faire taire, se décida à rembourser, par l'intermédiaire de Bergier et de Jaume, une partie des assurances dont il avait touché le montant. L'insensé ne voyait pas que ce remboursement était presque un aveu tacite de sa turpitude ! Car quel est le négociant honnête qui se déciderait à rembourser les assurances qu'il aurait reçues, pour un bâtiment qui, dans son voyage aurait été capturé d'une manière légitime.

Intéressé à multiplier les moyens de communication avec l'escadre anglaise, l'ex-général Guidal ne voyant, pendant quelque tems, aucune frégate anglaise sur les côtes de Marseille, engagea Paban à se rendre à Cannes avec une lettre pour l'amiral anglais, que le patron Raymond porterait à sa destination, si les croiseurs ennemis s'approchaient de ces parages. Paban part, muni de cette lettre, arrive à Cannes ; mais les espérances des traîtres sont trompées, aucun bâtiment anglais n'est à vue. Que faire de cette précieuse lettre ? Paban prie le sieur Reybaud de faire appeler les patrons Jean-François Bernard et Raymond, qui s'empressent d'accourir. Réunis à l'auberge où logeait Paban, ce dernier confie à Reybaud la lettre de Guidal, en le priant d'en rester dépositaire jusqu'à ce que le patron Raymond trouve une occasion favorable pour la porter à son adresse. Cette lettre était décachetée, et Paban, avant de la remettre, écrivit quelques mots au bas et s'empressa de revenir à Marseille. Reybaud, ainsi que vous l'avez vu par ses dépositions, dévoré d'inquiétudes, en raison du dépôt perfide que lui avait fait Paban, consulta le nommé Alliez, qui avait été présent au déjeûner ; et le résultat de leur entretien fut qu'ils brûleraient la lettre après en avoir pris connaissance ; ce qui fut exécuté sur-le-champ.

Incertain si cette lettre était parvenue à sa destination, Paban s'empressa de chercher d'autres moyens pour communiquer avec les anglais. Il le trouva bientôt en facilitant l'évasion de trois officiers espagnols, nommés *Gulman*, *Villalanga* et *Galabert*, prisonniers de guerre sur parole et résidant à Marseille. Le succès du voyage de la Marie-Rose le détermina à prier Charabot de se charger de conduire ces trois prisonniers à bord de l'amiral anglais, auquel il pourrait en même tems porter de nouvelles dépêches. Charabot accepta, et Paban s'empressa de le présenter aux trois espagnols comme un libérateur, en excitant leur générosité, pour qu'ils lui accordassent une récompense proportionnée au service qu'il allait leur rendre. Quinze cents francs furent donnés par eux, et de plus, une promesse de faire passer 100 louis à Charabot aussitôt qu'ils seraient rendus dans leur patrie.

Pour extrait conforme :

LE JUGE RAPPORTEUR,

DANDURAND,

Premier Adjudant de la Place de Toulon, Membre de la Légion d'honneur.

En attendant la suite.

Vu, permis d'imprimer.
Le Commissaire Général de Police, CAILLEMER.

TOULON, de l'Imprimerie d'AUG. AUREL, place Austerlitz, île 90, n.º 5.

SUITE ET FIN

De l'Extrait du Rapport du Juge Rapporteur, dans la Procédure dirigée contre treize prévenus d'espionnage, ou de complicité d'espionnage, traduits pardevant la Commission militaire, créée par décret impérial du 19 septembre 1813.

Paban, à compte des 1500 francs, donna à Charabot 25 louis pour acheter un bateau propre à ce voyage. Le nommé Trophime Audibert, chargé de cette commission, fait marché avec le nommé Assence pour une somme de 525 francs. Le neveu de Trophime, nommé Chabert, est employé à gréer le bateau, et le conduit le jour qui lui est indiqué au lieu fixé pour le rendez-vous. Il voit bientôt arriver sept individus, savoir : Charabot, Paban, Guidal, les trois espagnols et leur domestique. Chabert voit les quatre derniers s'embarquer avec Charabot, et Paban et Guidal revenir à pied à Marseille, après avoir remis à Charabot deux lettres pliées dans une feuille de plomb, et destinées pour l'amiral anglais.

Charabot, de retour de sa mission, qu'il remplit avec le plus grand succès, se rendit à Châteauvert où Guidal et Paban s'empressèrent de se rendre sur son invitation. Paban y reçut la réponse de l'amiral anglais sir Charles Cotton, et probablement ne la trouva pas conforme à ses desirs, puisqu'il s'écria : *Il n'y a seulement pas un mot pour Charles IV.*

Après cette entrevue, qui eut lieu le samedi, Guidal, Paban, Charabot et madame Paban, qui était restée dans sa voiture, se réunirent et se rendirent à la campagne de Paban, où Charabot resta jusqu'au dimanche suivant, qu'il rentra à Marseille ; et ce fut le lendemain que Paban lui compta le complément des 1500 francs remis par les espagnols.

La culpabilité de Paban, Messieurs, doit vous paraître prouvée : 1.º dans l'expédition de la Marie-Rose dont il connaissait la criminelle destination ; 2.º dans son voyage à Cannes, pour y porter une lettre de Guidal adressée à l'amiral anglais, ce qui l'a rendu complice d'espionnage ; et 3.º dans l'évasion des trois officiers espagnols qu'il a trouvé le moyen de faire passer à l'ennemi. Enfin, il doit vous être démontré qu'il était un des principaux agens de Charles IV et du prince de la Paix, puisque tout se combinait avec un des hommes de la maison de ce prince, qui versait entre les mains de Paban et de Guidal les sommes nécessaires à l'exécution de leurs projets affreux, dont les résultats devaient être une insurrection dans le midi de la France, et la remise entre les mains des anglais, de nos côtes et des ports et places fortes qui en sont les boulevards.

L'Angleterre trouvera donc toujours en France des traîtres qui se vendront, des lâches qui se laisseront corrompre ! Carthage ne trouva jamais d'espion parmi les romains ; et s'il est quelque chose d'affligeant attaché à mon ministère, c'est l'obligation où je me trouve de dévoiler la conduite et de signaler comme les ennemis de la France et de Sa Majesté des hommes qui avaient juré de verser jusqu'à la dernière goutte de leur sang pour le maintien et l'éclat de la couronne que nous avons spontanément placée sur sa tête auguste. C'est assez vous dire, Messieurs, que c'est d'un militaire que je vais vous entretenir.

Jean Auffan, né à Marseille, âgé de 52 ans, enseigne de vaisseau auxiliaire, après s'être vendu au général Guidal et à son parti, les a servi de tous ses moyens. Lié particulièrement avec Giraud, Camoin dit Dufour, Charabot père et fils, comme eux il a communiqué avec les anglais et a été leur espion ; avec eux il s'est embarqué plusieurs fois pour aller porter des nouvelles de la situation de notre flotte aux chefs de la flotte ennemie ; il se rappèlera sans doute, le nommé Auffan, de la discussion qui s'éleva entre Giraud et Charabot, étant embarqué avec eux et faisant route pour l'escadre anglaise. Il n'a pas oublié sans doute le dîner qu'il fit au Château-vert avec Bergier, Paul Julia et ses deux autres amis que je viens de citer, dîner à la suite duquel il s'embarqua avec ces deux derniers convives, dans l'intention bien prononcée d'aller avec eux porter des nouvelles fraîches à l'amiral anglais. Que répondra ce prévenu aux témoins oculaires qui, l'ayant vu comme prisonnier de guerre pendant vingt jours à bord de la frégate ennemie l'*Undumted*, l'ont reconnu pour l'avoir vu plusieurs fois postérieurement à sa rentrée en France. Le signalement d'Auffan est si frappant et si caractéristique, que l'identité de sa personne est constatée d'une manière indubitable par le témoignage et la confrontation des deux marins déserteurs de ladite frégate. Que ce prévenu nous déduise les motifs qui l'engagèrent à demander à ces deux anglais, lorsqu'il était en prison avec eux à Marseille, s'ils le reconnaissaient et s'ils l'avaient vu quelque part ; qu'il nous dise pourquoi, sur leur réponse affirmative, il les pria de garder là-dessus le plus profond silence, en les gratifiant de quelques vivres. Le sieur Auffan sait bien que l'un de ces témoins a fait partie de l'équipage d'un canot qui l'a ramené de l'escadre anglaise sur nos bords, et l'a débarqué près du cap Sicié? Auffan faisant un retour sur lui-même, et descendant dans le fond de sa conscience, conviendra avec moi de tous les faits que je viens d'avancer, comme il a convenu, dans ses interrogatoires, avoir eu connaissance des communications établies avec nos ennemis ; il entendra sans murmure l'arrêt que la justice rendra, par votre organe, sur son compte.

Passons à présent au nommé Camoin, dit Dufour. Voyons jusqu'à quel point il s'est rendu coupable ;

examinons la part qu'il a eue dans la communication avec les anglais, et en quoi il a trempé dans les complots du général Guidal.

Les associés de ce conspirateur ne s'attendaient pas au retour de Charabot père ; ils croyaient que la crainte le retiendrait à bord de l'escadre anglaise ; ils ne s'attendaient pas à ses déclarations et aux révélations de son fils ; mais heureusement pour la société et les intérêts du Gouvernement, l'amour paternel a fait braver à l'un tous les dangers, la mort même ; le repentir et les remords ont arraché à l'autre les révélations précieuses dont j'ai eu l'honneur de vous donner connaissance. Vous trouverez la même vérité dans tout ce qu'ils ont dit sur le compte du prévenu dont il va être question, qu'ils en ont mis dans leurs déclarations sur le compte des autres accusés.

Camoin, dit Dufour, né à Marseille, âgé de 37 ans, horloger de profession, n'est pas étranger à la conspiration ourdie par l'ex-général Guidal et d'autres personnages du plus haut rang, dont j'ai dû nécessairement faire mention dans mon rapport, pour ne rien vous laisser à desirer sur les circonstances qui sont de nature à porter la conviction dans votre ame.

Dans les fréquens voyages que Charabot fils et Giraud avaient fait à bord de l'escadre anglaise, le capitaine de la corvette *le Blausum*, et celui de la frégate *l'Undumted*, avaient prié Giraud de leur apporter une montre à chacun d'eux. Celui-ci en fit un objet de spéculation ; il proposa à Camoin, qu'il savait initié dans tous les secrets, de le suivre dans un de ses voyages à l'escadre anglaise, et d'apporter à bord avec lui une pacotille de montres dont il pourrait tirer le plus grand parti. Camoin accepta la proposition ; et s'étant muni d'une cassette dont la valeur pouvait s'élever à la somme de 3000 francs, il partit de Marseille avec ses deux acolytes, et il aborda le lendemain avec eux la frégate *l'Undumted*, où il vendit avantageusement sa pacotille. Dans cet intervalle, Charabot fils et Giraud avaient passé à bord de l'amiral pour traiter des affaires d'une plus haute importance, et solliciter de lui les fonds qu'il avait promis de verser entre leurs mains, pour solder les partisans qui devaient former le noyau d'insurrection. Giraud et Charabot restèrent deux jours auprès de l'amiral, qui les fit transporter ensuite à bord de *l'Undumted*, où ils rejoignirent leur compagnon de voyage, et le brick *le Scout* vint les y prendre avec ordre de les débarquer près du Pharo, petit débarcadère peu éloigné de Marseille. Camoin a été confronté avec Charabot fils. Celui-ci a toujours persisté dans ses assertions ; et malgré les dénégations de l'accusé, les révélations dudit Charabot doivent être d'un grand poids pour votre conviction, puisqu'elles coïncident parfaitement avec les déclarations du père sur le même sujet.

Camoin était initié dans tous les projets des conjurés ; il connaissait toutes leurs intelligences avec les chefs de l'escadre anglaise. Instruit que l'amiral avait compté 200 louis à Giraud, et croyant que cette somme avait été partagée exclusivement entre ce dernier et Charabot fils, il en revendiqua sa part. Ne pouvant l'obtenir de bon gré, il prit le parti de séquestrer le bateau dont ces deux espions se servaient pour leurs voyages à l'ennemi ; et ce ne fut que lorsque Giraud le gratifia d'une somme de 300 francs ou environ, qu'il se décida à leur rendre le nacelle dont ils faisaient un si bel usage.

La confrontation dudit Camoin présenterait quelque doute sur l'identité de sa personne, avec celle du marchand de montres, qui a trafiqué à bord de *l'Undumted*, si les révélations de Charabot ne venaient à l'appui du témoignage des deux déserteurs anglais ; mais je ne pense pas qu'il puisse exister plus de doute sur la communication de ce prévenu avec l'ennemi, que sur sa connaissance parfaite des intrigues ménagées avec eux, par le parti qui voulait les attirer sur nos côtes. Laissons-là ce prévenu pour jeter un coup-d'œil rapide sur la conduite des patrons qui ont convoyé les espions à l'escadre ennemie. Je ne serai pas long, parce qu'en parlant de Charabot, j'ai dû nécessairement dévoiler leur conduite en tout ce qui était inséparable de celle de Charabot.

Jean Turcon, patron pêcheur, âgé de 53 ans, né à Saint-Giniez, département des Bouches-du-Rhône, a conduit, comme vous le savez, plusieurs fois Charabot et l'ex-général Guidal à bord des vaisseaux ennemis. Son premier voyage eut lieu dans les premiers jours du printems de 1811, lorsqu'il porta Charabot à bord de la frégate *la Lavignie*. Turcon n'en resta pas à ce coup d'essai ; il entreprit son second voyage le 24 mai de la même année. Cette fois-là Guidal était de la partie. C'est à l'embouchure de l'Huveaune qu'il prit à son bord, le jour précité, à dix heures du soir, ce général conspirateur et son émissaire affidé, et qu'il les porta à bord de la frégate anglaise *l'United*. Son troisième voyage eut lieu un mois après. Le général Guidal l'avait chargé de porter des dépêches à l'amiral anglais. Turcon partit à l'entrée de la nuit, de l'embouchure de l'Huveaune. Dans deux heures de navigation, il aborda la corvette *le Blausum*, remit ses dépêches et revint le lendemain matin en rapporter le reçu à celui qui les lui avait remises. Outre ces fréquens voyages à l'escadre anglaise, dont ce patron s'acquittait si bien, il allait encore de tems en tems porter la correspondance de Guidal, et retirer celle de l'amiral anglais du creux d'un rocher de l'isle de Mayre, désigné pour recevoir le dépôt de la plus insigne, comme de la plus infâme trahison.

Vous avez vu, dans l'exposé de la conduite de Charabot, le capitaine Bernard et le patron Raymond accompagner cet émissaire dans plusieurs voyages à l'ennemi ; ils composaient l'équipage du bateau l'Amitié et du Saint-Jean-Baptiste, qui devait porter Guidal père et fils à l'escadre anglaise. Ils montaient encore la Marie-Rose; ils y embarquèrent incognito cet ex-général et son fils, lorsque Charabot conduisit cette jeune victime à l'amiral anglais et la lui présenta comme ôtage de la sincérité des engagemens de ce chef des conspirateurs.

La preuve de tous ces faits, je la prends non-seulement dans les déclarations de Charabot père et fils, mais encore dans les propres aveux des accusés.

Raymond seul vous a dit, MESSIEURS, que c'est à son insu que les deux Guidal se sont embarqués sur la Marie-Rose. Est-ce aussi à son insu que le père a été débarqué sur la presqu'isle de Gien? Est-ce à son insu que le fils a resté une quinzaine de jours sur ce bâtiment, qu'il a pris constamment ses repas avec le patron et son équipage? Est-ce à son insu que le jeune Guidal a abordé la frégate anglaise *la Néraus*, et qu'il a été transporté de là, avec Charabot, sur le vaisseau amiral. Si le patron Raymond et le capitaine Jean-F.çois Bernard n'avaient pas été les coopérateurs et les complices des Charabot et des Guidal; s'ils avaient été entraînés par une force majeure, ils n'auraient pas manqué à leur retour de faire leur déclaration sur toutes les circonstances de ce voyage aux administrations préposées pour les recevoir. Peuvent-ils nier l'un et l'autre avoir reçu une gratification de 300 fr. des mains de Paban? J'avoue que c'est une bien faible récompense pour les services signalés qu'ils avaient rendus à Guidal et au comité conspirateur; mais dans le partage de l'or que l'amiral anglais et le prince de la Paix versaient dans leurs mains, les chefs avaient soin de ne pas s'oublier et de se faire la meilleure part.

Je vais maintenant, MESSIEURS, développer à vos yeux la conduite des accusés Bergier, Jaume et Vernet, et des deux contumaces Giraud et Picon. Je commencerai par celui qui a joué tant de rôles, et qui, dans cette affaire, en avait choisi un bien propre à lui faire déployer ses grands talens pour l'intrigue. Je veux parler de Bergier, de ce Bergier qui, remuant par caractère, souple et astucieux par habitude, après avoir été adjudant-général, a fait tous les métiers, jusqu'à celui de charlatan et d'espion : de charlatan, puisqu'il a été arrêté dans le département de l'Ardèche, à côté du lit d'un malade auprès duquel il avait été appelé, comme médecin, en consultation ; d'espion, puisque je vais vous démontrer qu'il a participé d'une manière bien active aux résultats des voyages que les conspirateurs faisaient auprès de nos ennemis.

Jacques-Alexandre BERGIER, âgé de 47 ans, natif de Castellane, département des Basses-Alpes, fripier de profession, fut le recruteur, ou plutôt l'embaucheur d'Antoine Charabot, dont Barras, Guidal et leurs complices ont fait le principal agent de leur correspondance criminelle avec les anglais. Il leur fallait un homme accoutumé au métier de la mer, sachant à-la fois en calculer les chances et en braver les dangers. Bergier jeta les yeux sur Charabot, lui ménagea une entrevue avec le général Guidal, et eut bientôt à se féliciter d'avoir procuré aux traîtres qui conspiraient, un sujet qui leur devenait précieux pour le transport des dépêches.

Vainement l'accusé Bergier s'est-il retranché dans un système de dénégation absolue : les faits parlent, les preuves sont là, et la conscience du juge s'affermit à mesure que celle du coupable s'allarme et s'effraie. Bergier, lié avec l'ex-directeur Barras depuis l'aurore de la révolution, l'a suivi dans toutes les vicissitudes de sa fortune, l'a accompagné à Marseille, et lui rendait de fréquentes visites dans sa terre des Aigalades. Ce fut à cette terre qu'au mois de mai 1809, Guidal, Bergier, Jaume et Charabot préparèrent les communications qui ont eu lieu depuis avec l'armée anglaise.

Bergier était si peu étranger à cet espionnage infâme, qu'il s'empressait, à chaque voyage, de venir avec Jaume en recueillir les résultats. C'est Bergier Messieurs, qui, de concert avec Jaume, comme lui confident de tous les projets, a remboursé à la maison Rey et Barrois, de Marseille, les assurances de la Marie-Rose si induement touchées par Paban. C'est Bergier qui, toujours avec Jaume, a été trouver Charabot à sa campagne des Cailloles, après l'arrestation de Charabot le fils, pour l'engager à retourner à bord des anglais, dans la crainte que si Charabot le père était arrêté, ses révélations ne missent au jour tous leurs forfaits. C'est Bergier et Jaume qui demandèrent ensuite à Charabot un rendez-vous secret dans un lieu qu'ils auraient eux-mêmes désigné : rendez-vous que Charabot se garda bien d'accepter, étant persuadé que ces agens déhontés de Guidal cherchaient à l'attirer dans un piège pour se défaire de lui, et anéantir ainsi un témoin de leurs crimes, qui pouvait devenir un accusateur terrible contre eux. C'est Bergier qui, après l'arrestation de Charabot le fils, profita de circonstances favorables pour lui faire parvenir, à deux reprises, un billet qu'il glissa lui-même sous l'aile d'une volaille cuite qu'on portait à ce prisonnier, billets dans lesquels il l'exhortait à la patience, l'assurant que ses amis veillaient sur lui. C'est Bergier qui, complice de l'évasion du général Guidal, l'attendit auprès de la maison de Paban le jour de sa fuite et chercha à lui en assurer le succès, en lui remettant un poignard et deux pistolets. C'est Bergier qui, dans le mois de juin 1812, assista à l'assemblée qui se tint chez l'avocat Jaume, et où se trouvèrent, entr'autres conspirateurs, Vernet, Giraud et Charabot le fils ; et c'est dans cette assemblée qu'il fut décidé que Vernet, Giraud et Charabot porteraient à l'amiral anglais un plan d'exécution pour lui livrer Marseille, plan qui fut écrit par Jaume sur de petits carrés de papier. Les trois espions, de retour de leur voyage qui eut tout le succès qu'ils pouvaient espérer, rapportèrent, avec la promesse de le réaliser, 200 louis que l'amiral anglais leur donna, et qui furent partagés entre les complices Bergier, Jaume, etc.

C'est Bergier qui, le 20 février dernier, se trouva à une autre assemblée de traîtres qui eut lieu chez l'avocat Sauvaire; c'est Bergier qui, le 27 mars dernier, se trouva au Brûlat chez le sieur Revest, dont la maison était un des repaires des conspirateurs; c'est là qu'on lui apporta de Marseille une dépêche du comité insurrectionnel, dépêche écrite avec de l'encre sympathique et qui annonçait l'arrivée à Marseille d'un commissaire général de police qui venait remplacer M. Depermon. C'est enfin le même Bergier qui, après plusieurs autres réunions que je passerai sous silence, arbora à deux reprises, presque publiquement, l'étendard de la révolte, en paraissant, dans la nuit du lundi de Pâques et celle du 30 avril au premier mai, en uniforme d'officier général, à la tête d'un rassemblement venu du Beausset et autres lieux, il avait pour aides-de-camp les nommés Burle et Borelli. Bergier fut forcé de renvoyer l'exécution de ses projets parricides, quelques-unes des mesures que devaient prendre les conspirateurs ayant échoué. C'est ce même Bergier enfin qui fut forcé de chercher un asile chez les Dosols, n'ayant pu rentrer dans celui qu'il avait trouvé chez M.e Giraud, parce que la police surveillait cette demeure et était à sa poursuite.

Votre religion doit être éclairée, MESSIEURS, sur le compte de Bergier, et votre opinion doit être fixée sur sa culpabilité, comme elle va bientôt l'être sur celle de l'accusé Jaume, que je ne puis séparer dans mon rapport de son acolyte Bergier, puisque toutes leurs opérations pour la conspiration et l'espionnage, se rattachent et se lient ensemble.

Vous vous rappelez sans doute, MESSIEURS, du conciliabule qui eut lieu aux Aigalades, chez l'ex-directeur Barras, dans le printems de 1809, conciliabule auquel assistèrent Guidal, Bergier et Charabot : c'était Jaume qui présidait à cette réunion criminelle, où furent arrêtés et discutés les moyens de communication qui furent ensuite établis avec l'escadre anglaise : c'est chez cet agent principal du comité insurrectionnel de Marseille que les principaux conspirateurs se réunissaient toutes les fois qu'il fallait agiter quelques questions intéressantes, salarier ou raffermir quelques prosélytes dans le parti, dresser des proclamations, arrêter des mesures révolutionnaires; il était enfin le conseil et l'ame du comité, comme Bergier et Guidal en étaient les bras. C'est chez Jaume que se réunirent Bergier, Giraud, Charabot fils et Vernet, lorsqu'il fut décidé qu'on enverrait à Mahon une personne d'une fidélité éprouvée pour communiquer à l'amiral anglais le plan de livrer la ville et le port de Marseille, et pour réclamer de lui les secours en or, en armes et en argent qu'il avait promis de fournir pour l'exécution dudit plan, dont il connaissait déjà les dispositions générales. Dans le courant du mois de mars 1812, lorsque Charabot père fut mandé à la police, et qu'il se disposait à obéir aux ordres de M. le Commissaire général, Jaume s'empressa de se rendre auprès de lui pour lui représenter les dangers d'une pareille démarche, qui pouvait compromettre et le général Guidal, qui était en arrestation à Paris, et tous ses affidés de Marseille, lui observant qu'il était de la plus grande urgence qu'il cherchât une retraite chez les anglais, leurs amis, parmi lesquels ses jours seraient en sûreté; c'est à Jaume que Charabot fils venait rendre compte du résultat de ses voyages à l'escadre anglaise; c'est lui qui a remis à ce jeune espion les fonds nécessaires pour acheter le bateau avec lequel, à la sollicitation de Jaume, il a conduit son digne père à bord de l'amiral anglais; c'est enfin l'avocat Jaume qui présidait aux réunions qui ont eu lieu chez les

Sauvaire et les Dozol, et qui a organisé, de concert avec Bergier, les rassemblemens des misérables qui voulaient renouveler les horreurs de la guerre civile dans une division qui se trouve aujourd'hui si heureuse, par la présence du digne prince et de l'illustre guerrier à qui S. M. en a confié le commandement supérieur.

Je vous ai entretenu assez long-tems des crimes de cet accusé : je vais vous parler de ceux de Vernet, pharmacien, né à Marseille, âgé de 37 ans.

Errant et fugitif, VERNET, signalé et poursuivi par la police, était parvenu à se soustraire pendant quelque tems à ses poursuites : on est enfin parvenu à l'arrêter, et vous le voyez devant vous. Cet accusé a pris la part la plus active à la conspiration et à l'espionnage ; à la conspiration, en assistant à toutes les réunions dont j'ai parlé jusqu'ici. Chargé par le comité de recruter des partisans et de faire des prosélytes, plusieurs fois il s'est rendu à cet effet au Beausset et à Toulon. Vous connaissez, MESSIEURS, ses liaisons avec Blancard, Revest et autres individus de ce parti. C'est Vernet que le comité insurrectionnel députait auprès d'eux pour les instruire de toutes les mesures qui avaient été prises, afin que les mouvemens de Toulon coïncidassent avec ceux de Marseille ; Jaume lui a payé ses frais de voyage sur les fonds qu'il avait à sa disposition pour la réussite d'une si belle cause. Cet accusé a pris la part la plus active à l'espionnage, ayant accompagné Giraud et Charabot fils, que Jaume députa auprès de l'amiral anglais pour lui porter le plan qu'il avait conçu, pour livrer nos côtes, nos ports et nos arsenaux à nos plus implacables ennemis. Je passe aux deux contumaces :

GIRAUD, ancien commissaire du gouvernement directorial, et qui regrettait encore les pouvoirs dont il a été justement dépouillé, était par reconnaissance et par inclination le partisan d'un homme qui a joué un si grand rôle à cette époque. Il se réunissait fréquemment au château des Aigalades avec les Guidal, les Jaume et les Bergier. Initié dans tous les projets de ces conspirateurs, il a assisté à la plupart de leurs conciliabules. Vous avez vu Giraud s'embarquer incognito sur un bâtiment grec dont Paban avait négocié le passage, pour porter cet espion à bord de l'amiral anglais. Giraud était du dîner au Château-vert avec Paul Julia, Bergier, Jaume, Auffan et Charabot. C'est à l'issue de ce dîner qu'il essaya, mais infructueusement, avec ces deux derniers convives, d'aller à l'escadre ennemie. Il s'est montré plus heureux dans le voyage qu'il fit avec Vernet et Charabot fils. Vous l'avez vu recevoir 200 louis de l'amiral anglais à compte d'une plus forte somme, pour l'exécution du plan conçu pour incendier le port de Marseille, et pour salarier les scélérats qui devaient y mettre la main. Vous n'avez pas perdu de vue, Messieurs, le voyage de Camoin dit Dufour, horloger : Giraud était encore de la partie. Je le retrouve partout, et partout je le retrouve criminel. Mais plus adroit que ses co-accusés, il a su soustraire sa tête coupable à la vengeance des lois. Il s'est réfugié chez ses amis fidelles, chez les anglais nos cruels ennemis.

Picon, patron pêcheur, qui avait fait un ou deux voyages à l'escadre anglaise pour y porter des dépêches du général Guidal, poursuivi par le remords et la conviction de ses crimes, a aussi pris le parti de la fuite. Cet accusé a été aussi plusieurs fois avec son bateau à l'isle de Mayre pour y porter la correspondance du général conspirateur, et lui rapporter celle de l'amiral anglais. C'est assez vous dire, Messieurs, que le patron Picon est coupable d'espionnage et de complicité d'espionnage.

Je n'ai plus qu'à vous parler du jeune Guidal, né à Grasse, officier au 35.e régiment d'infanterie légère.

Vous le savez, Messieurs, je n'ai jamais pensé que mes fonctions m'imposassent le droit d'être plus rigoureux que la loi même. Attentif à prendre scrupuleusement tous les renseignemens qui peuvent dévoiler le coupable, je me suis toujours fait un devoir de rapporter aussi toutes les nuances qui peuvent atténuer le crime, et mon cœur a été plus satisfait encore quand il a pu trouver des innocens. Jamais je n'ai transigé avec ma conscience, et je pense que dans cette circonstance je dois servir mon prince et mon pays, en montrant la vérité dans toute son étendue et dans tout son éclat. Aussi je sépare la cause du jeune Guidal de celle des autres accusés; et si mon ame a été soulagée un moment en le trouvant moins coupable que les autres, de quel poids n'a-t-elle pas été oppressée, et quelle sera votre indignation, MESSIEURS, lorsque vous apprendrez que je n'ai pu trouver la diminution du crime du fils que dans l'atroce scélératesse de son père.... de son père.... Il n'est plus; mais les juges qui ont prononcé son arrêt de mort, ont ignoré que si le plus grand de ses crimes a été commis au sein de la capitale, le plus noir avait été commis à Marseille.

C'est à son fils âgé de 16 ans, que Guidal père ordonne de quitter le lycée, où il n'avait pas encore achevé ses études, pour l'embarquer avec lui sur un bâtiment qui devait, disait-il, porter du vin à Calvi en Corse. Il n'ose se présenter à l'ennemi auquel il va sacrifier son fils et le livrer pour ôtage; il se fait débarquer sur la presqu'isle de Gien, et charge Charabot de conduire la victime à l'amiral anglais. Le jeune Guidal arrive à Mahon; il est présenté à l'amiral Collingwood: l'anglais, ému d'intérêt pour ce jeune adolescent, ne veut pas d'un ôtage vendu et livré par un père barbare et dénaturé. Rougissant pour lui d'un forfait dont l'histoire n'avait encore fourni aucun exemple, il ordonne à une frégate de reporter sur nos bords et la victime et son infâme conducteur. Oui, c'est ici que les traîtres pourront apprendre combien leur dévonement même paraît odieux et méprisable à ceux qui les emploient, et qui mettent leur perfidie au prix de l'or.

C'est par suite de cette machination infernale, c'est d'après cet acte de barbarie de la part d'un père, que Guidal fils a été traduit devant la Commission militaire. Pourquoi faut-il que l'auteur de ses jours ne soit pas le témoin de l'abîme dans lequel il l'a plongé! C'est dans la présence de son fils en pleurs, prêt à recevoir la mort des traîtres, qu'il trouverait la juste punition de ses crimes... Guidal père n'est plus, mais il est une justice divine. L'ombre de ce parricide est sortie du fond des tombeaux, elle erre dans cette enceinte; j'entends ses cris lamentables; et l'aspect de ce fils qu'il a flétri dans son printems, et qu'il a pu conduire à l'échafaud, doit être pour ses mânes le premier et le plus cruel des supplices.

En me résumant, je dis qu'il est constant que des intrigans se sont réunis et associés pour soulever le midi de la France contre le gouvernement ; que pour parvenir à leur but, ils ont cherché à se procurer des intelligences et des communications avec les amiraux anglais ; qu'il est constant que ces communications ont eu lieu, que des plans ont été concertés entre ces amiraux et les traîtres composant cette association criminelle, qui s'est formée à Marseille ; qu'il est constant que ces hommes cupides, indépendamment de leurs spéculations sur le pillage des caisses publiques, ont cherché à tirer des anglais autant d'argent qu'ils ont pu ; qu'ils en ont reçu ; qu'il est constant que le prince de la Paix et des agens de Charles IV. ex-roi d'Espagne, sont entrés dans l'intrigue ; que les membres du comité insurrectionnel ont reçu des sommes considérables du prince de la Paix ; qu'il est constant que, par suite de ces conventions criminelles entre les prévenus traduits pardevant la Commission militaire et les ennemis de la France, plusieurs d'entr'eux ont cherché à faire des prosélytes, à entraîner dans leur parti, tant dans les départemens des Bouches-du-Rhône et du Var, que dans d'autres, tous les hommes qu'ils ont supposé soupirer après un nouvel ordre de choses ; qu'il est constant qu'ils ont cherché à séduire et à égarer les habitans des campagnes, en leur promettant l'abolition de la conscription, des droits réunis, en leur garantissant la paix générale ; qu'il est constant qu'ils les ont excités et déterminés à s'armer et à former des attroupemens ; qu'ils ont conçu le plan d'envahir Marseille et Toulon et de livrer leurs ports et leurs arsenaux à l'ennemi ; qu'il est enfin constant que les prévenus traduits devant vous sont auteurs, fauteurs ou complices de ces infâmes machinations.

Ce sont là, Messieurs, autant de vérités dont vous devez être complettement convaincus par les preuves multipliées mises sous vos yeux, par les aveux et les contradictions des accusés.

Dans le long récit des crimes que mes pénibles fonctions m'ont forcé de retracer à vos yeux dans tous leurs détails, vous n'avez aperçu aucun motif d'excuse pour les accusés, à quelques nuances près. En exceptant toutefois le jeune Guidal, tous ont été dirigés par l'appât du gain. C'est cette soif de l'or, ce fléau des sociétés civilisées ; c'est cette source empoisonnée d'où découlent tant de crimes ; c'est cette arme terrible et lâche que manie avec autant d'astuce que d'adresse une nation perfide et jalouse ; c'est à l'or de l'Angleterre enfin que les hommes traduits devant votre tribunal ont immolé le titre d'époux, de père et de français : c'est l'amour de cet or qui leur a fait trahir sans remords la société, la nature et la patrie. Il est tems que les lois s'arment de toute leur sévérité pour arrêter ce fléau destructeur de la morale publique et des vertus privées ; qu'un grand exemple apprenne aux hommes lâchement avides, que rien ne peut les soustraire à la juste punition qu'ils ont méritée ; il faut que votre jugement leur découvre cette terrible vérité : que la mort n'est point encore le complément de leur châtiment ; qu'ils ne laissent après eux qu'une mémoire abhorrée et flétrie ; et tandis que la patrie les rejète de son sein, les perfides qui les ont employés, les détestent et les méprisent encore plus que ceux même qu'ils ont trahi.

Il suffira de la pièce suivante pour démontrer à l'Europe entière la perfidie de nos ennemis et de leurs espions.

Traduction du Sauf-conduit donné par le Vice-amiral Edouard Pelew, *Commandant en chef de l'escadre anglaise dans la Méditerranée.*

A MM. les Capitaines et Commandeurs des vaisseaux de S. M.

MEMORANDUM.

Le porteur de la présente a ma permission de procéder avec son navire et marchandises, sans aucune molestation, ou éprouver aucune difficulté ; mais il faut qu'il cherche à éviter toute méprise au Capitaine du navire de S. M. qu'il pourra rencontrer ; lequel est obligé, par la présente, à lui procurer bonne protection, sous mon pavillon.

Fait à bord du vaisseau de S. M. *le Caledonia*, le 18 janvier 1813.

Signé Ed. PELEW.

LA COMMISSION MILITAIRE a condamné à l'unanimité, par jugement du 20 décembre 1813, à la peine de mort et à la confiscation de leurs biens, les nommés *Charabot*, ex-lieutenant de vaisseau ; *Jaume*, avocat ; *Bergier*, fripier ; *Pabun*, négociant ; *Turcon*, patron pêcheur ; *Bernard*, capitaine marin ; *Raymond*, capitaine marin ; *Auffan*, enseigne auxiliaire de la marine ; *Giraud* et *Piron*, contumax ; tous convaincus d'espionnage ou de complicité d'espionnage avec l'ennemi. La même Commission a condamné à l'unanimité, à cinq ans d'emprisonnement et à 500 francs d'amende, le nommé *Camoin*, dit *Dufour* ; renvoie le nommé *Vernet*, pharmacien, pardevant les tribunaux compétens ; et acquitte le nommé *Guidal*, sous-lieutenant au 35e régiment d'infanterie légère, et le met à la disposition du ministre de la guerre.

Le Jugement a reçu son exécution le 21 décembre 1813, à 11 heures du matin. Il a été sursis à l'exécution des nommés *Charabot* et *Jaume*, par ordre de S. E. M. le Maréchal Prince d'Essling, Commandant supérieur la 8.e division militaire, Gouverneur de Toulon.

Pour extrait conforme :

LE JUGE RAPPORTEUR,

D'ANDURAND.

Vu, permis d'imprimer.

Le Commissaire Général de Police, CAILLEMER.

TOULON, de l'Imprimerie d'AUG. AUREL, place Austerlitz, île 90, n.º 5.

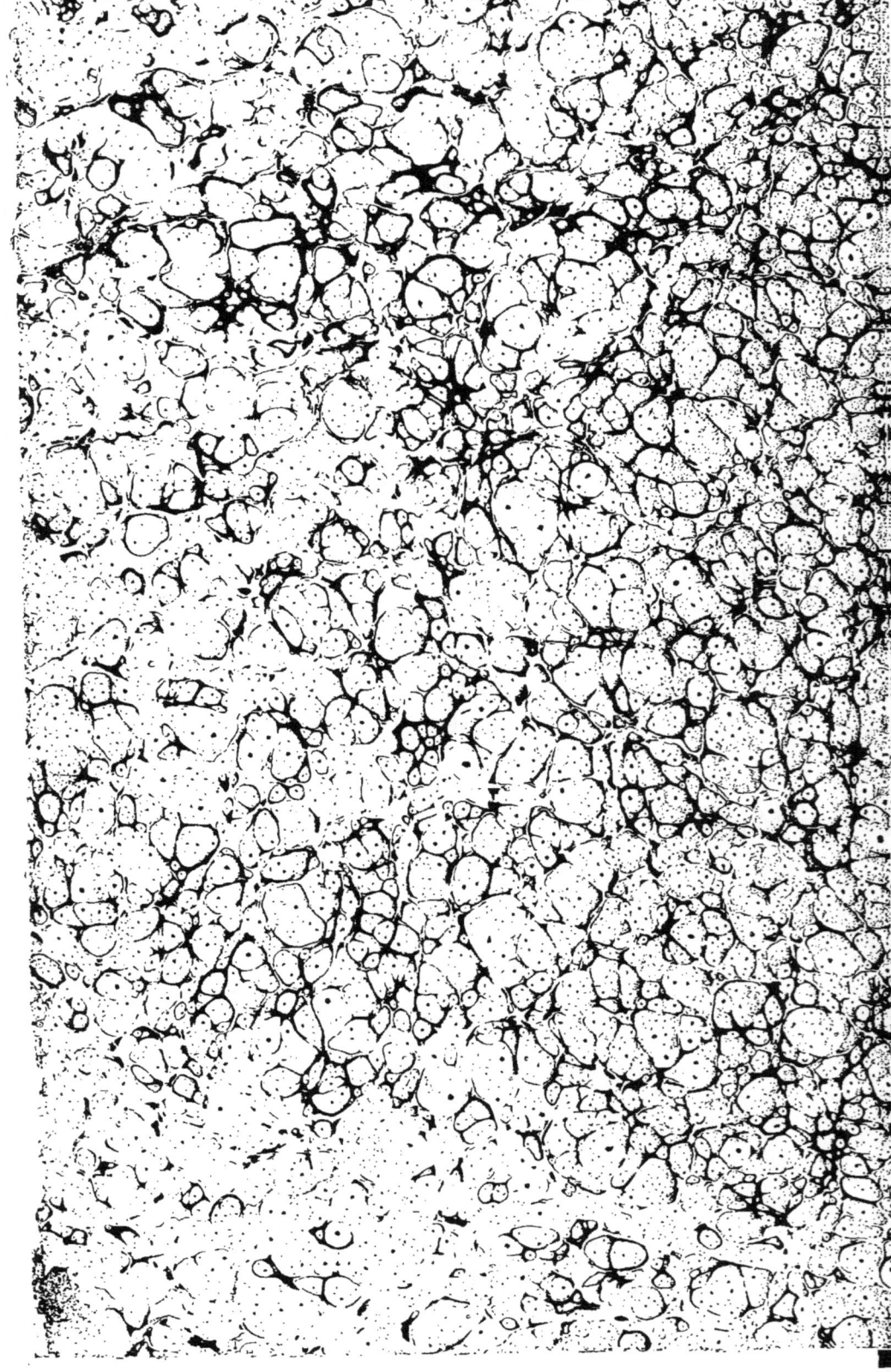

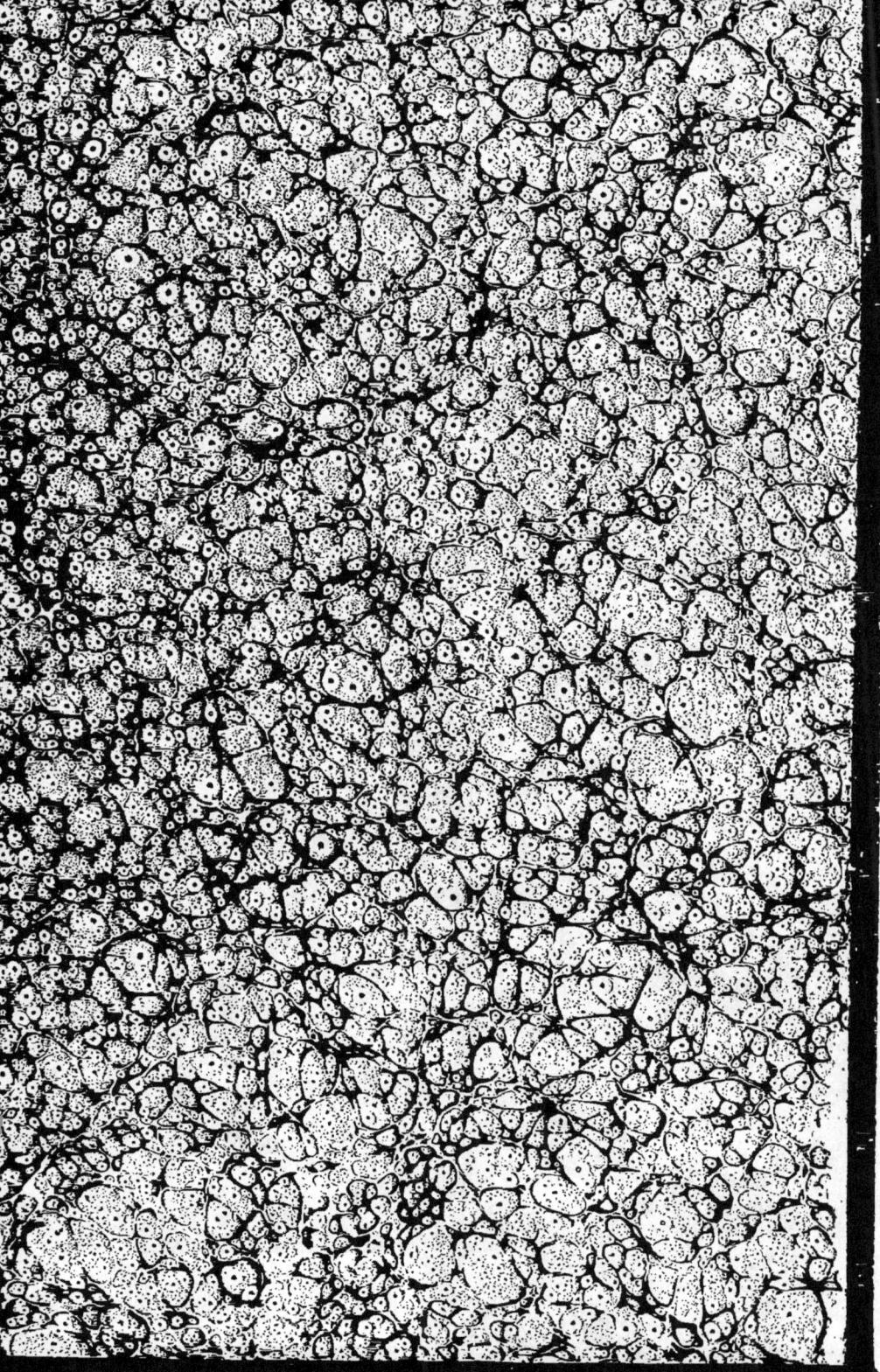

www.ingramcontent.com/pod-product-compliance
Lightning Source LLC
Chambersburg PA
CBHW060501050426
42451CB00009B/755